中国石油岗位员工安全手册

城镇燃气操作工安全手册
（CNG、LPG、LNG）

中国石油天然气集团公司安全环保与节能部 编

石油工业出版社

内 容 提 要

本书以安全为主线，以风险识别和控制为依据，以案例分析为警示，密切结合城镇燃气操作工的岗位需求，旨在有效指导一线岗位员工安全地工作。主要内容包括城镇燃气作业基本安全要求、操作安全要求、事故报告、突发事件处理程序、应急设备、燃气相关安全知识、常见"三违"行为和典型事故案例等。本书适合城镇燃气操作工（CNG、LPG、LNG）阅读学习。

图书在版编目（CIP）数据

城镇燃气操作工安全手册. CNG、LPG、LNG/中国石油天然气集团公司安全环保与节能部编. —北京：石油工业出版社，2015.12
（中国石油岗位员工安全手册）
ISBN 978-7-5183-0987-0

Ⅰ. 城…
Ⅱ. 中…
Ⅲ. 城市燃气–安全技术–技术手册
Ⅳ. TU996-62

中国版本图书馆 CIP 数据核字（2015）第 296164 号

出版发行：石油工业出版社
（北京安定门外安华里 2 区 1 号　100011）
网　址：www.petropub.com
编辑部：(010) 64255590
图书营销中心：(010) 64523633
经　销：全国新华书店
印　刷：北京中石油彩色印刷有限责任公司

2015 年 12 月第 1 版　2016 年 11 月第 2 次印刷
850×1168 毫米　开本：1/32　印张：4.25
字数：58 千字

定价：10.00 元
（如出现印装质量问题，我社图书营销中心负责调换）
版权所有，翻印必究

前言

安全事关广大员工的幸福和安康，事关企业的价值和在公众中的形象，希望每一名员工都能够重视安全、实现安全。

企业鼓励员工养成良好的作业习惯。企业有责任为员工提供安全的工作环境，员工应严格遵守安全规定。

企业鼓励员工对安全工作提出建议和批评。员工有权拒绝执行可能危及安全的违章指挥，停止任何不安全的作业。任何人出于对安全考虑的原因而停止工作或提出建议，都应该得到表扬、鼓励和奖励。

企业鼓励员工汇报事故隐患并从事故中吸取经验教训。所有员工发现险情事件、不安全的行为和状况都应汇报；所有险情事件、不安全的行为和状况都应调查分析，并共享其中的经验教训，这对改进安全来讲是非常重要的。

为进一步强化岗位员工安全培训,夯实安全生产基础,中国石油天然气集团公司安全环保与节能部组织分岗位编写了《中国石油岗位员工安全手册》系列培训教材。手册以安全为主线,以风险识别和控制为依据,以案例分析为警示,密切结合岗位员工的现实需要,旨在有效指导一线岗位员工的工作和学习。本系列培训教材为岗位员工提供了应该了解的基本安全信息,每一位员工都应该认真学习、熟知这些信息,并应用到工作中去。

本书是为城镇燃气操作工编写的安全手册,主要内容包括:基本安全要求、操作安全要求、事故报告、突发事件处理程序、应急设备、燃气相关知识、常见"三违"行为和典型事故案例等。

中国石油昆仑燃气有限公司承担了本手册的编写任务,主要由王冰负责编写,参与编写的人员有大庆中石油昆仑燃气有限公司韩世川、刘金岚、张春霞、朱宇、王竞齐、徐丽霞、杜帅、熊春宇、张艳、王立辉、窦宇博、曲洋、刘建明,甘肃中石油昆仑燃气有限公司张圆,中石油昆仑燃气有限公司华北分公司郭力、付仓宁。昆仑燃气胡兆科、张月钦、张维勤、张坤斌、张恩贵、李军、于海娟、付涛、李玉峰、安方祖、徐大伟,西南油气田蒋长春,华北油田李红卫,昆仑能源(辽宁)杨兵等相关专家参与了审定和修改工作。在此表示衷心感谢!

编 者

2015年6月

承 诺

本人已经认真学习了本手册，掌握了与岗位有关的内容。在此，我郑重承诺：

不违反安全禁令；

严格遵守单位规章制度，按规程操作；

正确佩戴劳动防护用品；

保持工作场所干净、整洁；

制止任何可见的不安全行为；

及时报告发现的危害因素；

向上一级领导报告所有的事故和未遂事故；

遵守并提醒他人执行安全指令；

尽可能减少资源的浪费。

签名：_____

目 录

第一章 基本安全要求 …………………… 1
第二章 操作安全要求 …………………… 7
第三章 事故报告 ………………………… 55
第四章 突发事件的现场应急处置 ………… 57
第五章 应急设备 ………………………… 67
附录一 燃气相关安全知识 ……………… 96
附录二 常见"三违"行为 ……………… 102
附录三 典型事故案例 …………………… 117

第一章 基本安全要求

一、员工基本安全要求

1. 严格执行《中国石油天然气集团公司反违章禁令》和防火防爆十大禁令。

2. 严格遵守岗位各项规章制度。

3. 经过三级安全教育,考试合格后,持证上岗。

4. 正确穿戴、使用劳动防护用品,严禁佩戴妨碍操作的饰品作业。

5. 严格按照操作规程操作,禁止违章作业,对他人违章作业有义务劝阻和制止。

严禁违反操作规程操作

严禁违章指挥、强令他人违章作业

安全——禁止违章指挥、冒险蛮干

6.禁止碰撞或敲击工艺系统中的设备设施；禁止在无防护的情况下触摸运行中的高温或低温设备设施。

7.严禁上班前和工作中服用任何影响精神状态的药品。

8.熟悉岗位应急处置程序，具备正确使用应急工具和处理突发事件的能力。

9.参加岗位练兵、安全培训及其他各种安全活动。

10.遵守劳动纪律，不迟到、不早退。

11.发现危害因素和安全隐患应及时上报。

12.发生事故，正确处置，及时报告。

● **《中国石油天然气集团公司反违章禁令》**

1.严禁特种作业无有效操作证人员上岗操作。

2. 严禁违反操作规程操作。

3. 严禁无票证从事危险作业。

4. 严禁脱岗、睡岗和酒后上岗。

5. 严禁违反规定运输民爆物品、放射源和危险化学品。

6. 严禁违章指挥、强令他人违章作业。

● **防火防爆十大禁令**

1. 严禁在厂内吸烟及携带火种和易燃易爆、有毒、易腐蚀物品入厂。

2. 严禁未按规定办理用火手续,在厂内进行施工用火或生活用火。

3. 严禁穿戴易产生静电的服装进入油气区工作。

4. 严禁穿带铁钉的鞋进入油气区及易燃易爆装置。

5. 严禁用汽油、易挥发溶剂擦洗设备、衣物、工具及地面等。

6. 严禁未经批准的各种机动车辆进生产装置、罐区及易燃易爆区。

7. 严禁就地排放易燃易爆物料及化学危险品。

8. 严禁在油气区内用黑色金属或易产生火花的工具敲打、撞击和作业。

9. 严禁堵塞消防通道及随意挪用或损坏消防设施。

10. 严禁损坏厂内各类的防爆设施。

二、作业现场安全要求

1. 在爆炸危险区域必须使用防爆工具作业。

2. 进入生产作业区必须进行人体静电消除。

3. 无关车辆及人员禁止进入生产作业区，禁止在生产作业区检修车辆。

4. 严禁不符合安全要求的车辆进入工作场所，禁止车辆以超过 5km/h 的速度出入卸车场地。

5. 禁止在爆炸危险区域穿、脱、拍打衣服或梳理头发。

6. 在爆炸危险区域严禁使用化纤拖把和抹布。

7. 不得随意移动、挪用消防器材。

8. 禁止占用、堵塞消防通道。

9. 非本岗位作业人员严禁操作设备。

10. 在暴风雷雨天气，禁止进行充装、卸车、维修、电工操作等作业。

三、设备设施安全要求

1. 设备设施的安全装置和安全附件必须定期检查和检定，确保完好。

2. 保证防雷、防静电、电气保护、可燃气体报警装置和消防设施等安全防护装置完好有效。

3. 爆炸危险区域电气设备符合防爆要求。

4.设备设施、管线等无腐蚀、无渗漏，定期进行排污。

5.保证设备设施的相关警示标识清晰正确。危险区域和重要设备设施必须正确悬挂安全标志。

6.特种设备的维修、保养必须由有资质的人员进行操作。

7.严禁设备在超温、超压、超负荷、带病等不安全状态运行。

8.在埋地管道、电缆的上方，严禁随意进行挖掘，不得堆放重物或腐蚀性物质。

9.储罐、储气井、加臭机、脱硫装置及附件无跑、冒、滴、漏现象，无严重锈蚀，无明显变形，在校验期内。

10.盘梯、护梯、平台完整牢固，无水渍、油渍、冰雪等。

第二章 操作安全要求

一、操作基本安全要求

CNG、LPG、LNG三种气体的共同风险是易燃易爆。CNG压力高达20MPa以上，在操作中应注意防范高压气流的伤害；LPG比空气重，一旦泄漏不容易扩散，汽化过程吸热，在操作中要注意冷冻伤害；LNG温度达到-162℃以下，一旦泄漏会出现吸热弥漫的情况，在操作中要防止低温冻伤。基本安全要求包括：

1. 禁止在雷雨天气进行操作作业；

2. 禁止在附近发生火灾的情况下进行操作作业；

3. 禁止在查出有燃气泄漏的情况下进行操作作业；

4. 禁止在压力异常的情况下进行操作作业；

5. 禁止在存在较大不安全因素的情况下进行操作作业。

● **场站日常巡检作业**

1. 主要风险：

（1）未按规定穿戴劳保防护用品，导致人身伤害。

（2）触碰设备高温、低温部分，导致烫伤或冻伤。

（3）设备漏电，导致触电伤害。

（4）燃气泄漏未发现，导致次生灾害。

（5）设备损坏、飞出零部件，导致人员伤害。

（6）巡检过程中，在上、下台阶时滑倒，导致摔伤。

2.控制措施：

（1）操作人员要按规定正确穿戴劳保防护用品，携带测漏仪，防止伤害。

（2）在设备高、低温部位张贴警示标识，按规程路线巡检。

（3）对设备定时进行维护保养，确保设备接地良好。

（4）巡检时，员工要注意转动设备，上、下台阶把好扶手。

(5)及时发现清理停留在作业区的与作业无关的人员。

● **消防系统运行**

1)检查

1.主要风险:

(1)电压过高,导致启泵时过载温度升高烧毁电动机。

(2)系统未处于正常供电状态,设备不能正常启动,贻误灭火时机。

(3)消防泵、电动机接线松动、裸露、断裂造成触电事故。

(4)消防泵缺少润滑油、地脚螺栓松动、联轴器松动等原因,造成设备损坏。

(5)消防管线、阀门泄漏,压力达不到射程要求,不能满足消防需要。

(6)消防水池水位过低、取水口阀门常关、阀门保养不良、出口阀门未能及时开启,导致消防连锁、稳压系统失效。

(7)备用发电机、柴油消防泵所需油料、冷却液、电瓶电量不足,在停电时无法启动,贻误灭火时机。

(8)消防补水泵无法启动,消防水池水量不能及时补给,造成火势扩大。

(9)防冻措施不到位,导致管线、阀门等冻裂、冻堵。

(10)消火栓锈蚀、消防水带破裂、喷头堵塞等,导致不能正常使用。

2.控制措施:

(1)定期检查配电柜电压是否正常,系统是否处于正常状态。

(2)确保系统正常供电,各开关动作灵活。

(3)检查并确保消防泵、电动机接线良好、无松动、无裸露、无断裂。

(4)检查并确保消防泵润滑良好,联轴器、地脚螺栓紧固。

(5)检查并确保消防管线、阀门无泄漏,符合消防要求。

（6）确保消防水池水位符合要求，取水口阀门、泵出口阀门处于常开状态，阀门定期保养。

（7）确保备用发电机、柴油消防泵所需油料、冷却液、电瓶电量充足。

（8）检查消防补水泵运行状况，发现问题及时处理，确保消防补水系统完好。

（9）检查并确保防冻措施有效，及时发现并处理管线、阀门等冻裂、冻堵。

（10）检查压力表、消火栓、消防水带、喷头等设施完好情况，及时维护、维修。

2）操作

1.主要风险：

（1）启动消防泵机组后，未打开回流阀门，造成管线振动过大而破裂。

（2）与现场指挥人员联系不畅，操作压力波动影响灭火。

（3）消防泵不按规定盘车、运行，导致应急状态下消防泵无法正常工作。

2.控制措施：

（1）首先开启回流阀门，再启动消防泵机组，调整压力达到运行要求。

（2）与现场指挥人员保持通信畅通，随时调整压力。

（3）按规定对消防泵进行盘车、试运。

二、CNG燃气操作岗安全要求

● 母站运行操作

（一）脱硫系统运行

1）吸附作业

1.主要风险：

（1）硫化氢泄漏导致人员中毒。

（2）脱硫装置未及时转换，未脱硫气体进入下一流程。

（3）阀门编号及流程掌握不熟练，操作步骤错误。

（4）压力表、温度表、安全阀不正常工作，不能及时监控塔内压力和温度并在紧急时刻释放压力。

2.控制措施：

（1）日常检查到位，确保装置无泄漏。

（2）及时转换脱硫装置，确保脱硫后进入下一流程。

（3）熟练掌握阀门编号及流程，按操作规程操作，检查管路、阀门运行状态，确保其正常运行。

（4）按要求定期检查、检定压力表、温度表、安全阀，确保其完好有效。

2）再生作业

1.主要风险：

（1）阀门开启错误，不能使脱硫剂有效再生。

（2）未按规定要求放空，导致再生塔压力升高，引发事故。

（3）脱硫剂失效，不能有效吸附。

（4）硫化氢泄漏导致人员中毒。

（5）脱硫剂处理不当破坏环境。

2.控制措施：

（1）缓慢放出塔内余气，放空至规定压力，确保管路、阀门运转正常。

（2）打开脱硫塔放空阀与大气相通，再打开空气进气阀，使脱硫塔内的脱硫剂自然再生。

（3）及时更换脱硫剂，确保有效吸附。

（4）脱硫剂的处理应符合环境保护要求。

（二）脱水装置（干燥塔）运行

1）吸附作业

1.主要风险：

（1）未能有效吸附，露点升高，导致冻堵。

（2）压缩气含水量大，导致气质不合格。

（3）阀门编号及流程掌握不熟练，操作步骤错误，导致人员伤害或设备损坏。

2.控制措施：

（1）严格遵守吸附作业流程，及时监测露点。

（2）根据运行情况对干燥器定期进行排污。

（3）熟练掌握阀门编号及流程，按操作规程操作，检查管路、阀门运行状态，确保其正常运行。

2）再生作业

1.主要风险：

（1）风机油位过低、压力升高，导致机械事故。

（2）未按规定要求放空，导致再生塔压力升高，引发事故。

（3）加热器高温，导致烫伤。

（4）吸附剂失效，不能有效脱水。

2.控制措施：

（1）监视仪表数值正常，监护再生作业正常。

（2）按规程放空至规定压力，确保管路、阀门运转正常。

（3）加热器处张贴"小心烫伤"警示语，按规定路线巡检。

（4）根据露点情况，及时更换吸附剂，确保有效吸附。

（三）过滤调压装置运行

1.主要风险：

（1）阀门开启错误，导致过滤调压装置不能正常运行。

（2）未及时排污、过滤器滤芯堵塞，导致管线内压力升高，引发事故。

（3）调压器失灵，高压气体窜入。

2.控制措施：

（1）熟练掌握操作流程，确保管路、阀门开启正确，过滤调压装置正常运行。

（2）定期检查，定期排污，及时清洗或更换滤芯。

（3）定期检查维护，确保调压器工作正常。

（四）压缩机运行

1）准备

1.主要风险：

（1）运行前未盘车，负荷增大。

（2）压缩机入口压力过高，导致压缩机损坏。

（3）润滑油、冷却液不足，导致压缩机干磨、超温运转，损坏设备。

（4）机组各系统（工艺系统、润滑油系统、冷却系统等）管线连接不牢，发生泄漏。

（5）外露旋转部件防护损坏，导致伤害。

（6）电气防爆、接地损坏。

2．控制措施：

（1）运行前按规定盘车。

（2）检查并确保压缩机入口压力达到规定范围。

（3）检查并确保润滑油、冷却液液位合规。

（4）检查并确保各系统连接处紧固、密封。

（5）检查旋转部件防护设施是否完好。

（6）定期对连锁制动系统进行测试维护。

（7）定期检查检测，确保电气防爆、接地良好。

（8）压缩机橇箱内不得堆放任何杂物。

2）运行

1．主要风险：

（1）压缩机曲轴箱油位过低，导致机械事故。

（2）连接螺栓、地脚螺栓松动，使压缩机振动过大导致机械事故。

（3）各系统超温、超压、超负荷运行,导致设备损坏。

（4）巡检时站位错误,导致烫伤。

（5）密封部位泄漏,导致高压气体泄漏伤人。

（6）阀片、活塞环损坏,导致设备损坏。

2.控制措施：

（1）确保压缩机曲轴箱油位合规。

（2）定期巡检,发现连接螺栓、地脚螺栓松动时,及时紧固；定期监测压缩机的震动情况。

（3）检查、监控各系统参数,按要求到现场巡检,发现问题及时停机处理。

（4）巡检时正确站位,避免烫伤。

（5）检查确保各连接部位有效密封。

（6）对各零部件及时检查更换,按时维护保养压缩机。

3）停机

1.主要风险：

气液分离器未及时排污,导致设备事故。

2.控制措施：

按下停机按钮，压缩机停止运行后，按规程打开气液分离器排污阀，进行排污，污物应集中处理，不得随意排放。

（五）加臭装置运行

1.主要风险：

（1）加臭量设置不足，导致燃气质量不合格。

（2）加臭机接地不良引发雷击或静电火花。

（3）臭剂或臭剂包装物保管不当造成泄漏，引发事故或社会恐慌。

（4）加臭机故障，输出压力不足。

（5）向储罐内添加臭剂时，未佩戴防毒面具等防护用具，导致中毒。

2.控制措施：

（1）严格按照操作规程操作，对加臭机定期进行维护保养。

（2）正确计算核定加臭量，定期修正设置值，确保足量加臭。

（3）定期检测加臭机及罩壳的接地电阻。

（4）按照危险化学品管理的要求，加强臭剂管理。

（5）向储罐内添加臭剂时，佩戴好防护用具。

（六）燃气锅炉运行

1）点炉

1. 主要风险：

（1）燃气泄漏，点火发生火灾爆炸事故。

（2）触碰设备高温部位，导致烫伤事故。

（3）锅炉水质问题导致结垢，降低热效率或导致事故。

2. 控制措施：

（1）点炉前，按照操作规程检测并操作，进行开窗通风，确保空气流通。

（2）正确穿戴劳保用品，注意设备安全警示标识。

（3）定期检查软化水装置，确保水质合格。

2）运行

1. 主要风险：

（1）运行过程中，锅炉中严重缺水或烧干，导致爆炸。

（2）锅炉漏水，导致设备损坏，锅炉停止运行。

（3）锅炉水泵损坏，进出水压力超低，导致锅炉停止运行。

（4）锅炉燃烧过程中燃烧不充分，导致人员中毒、窒息事故。

（5）巡检过程触碰到锅炉高温部分，导致烫伤。

2. 控制措施：

（1）在锅炉运行过程中，要定时巡检，观察水位，及时加水。

（2）锅炉要定时检修维护，发现异常情况，及时处理。

（3）巡检过程中，要注意对锅炉设备的巡检，发现异常，及时上报处理。

（4）保证锅炉房的通风，避免燃气和燃烧不充分的气体聚集。

（5）巡检时，按照规定路线巡检，正确穿戴劳保用品，注意设备安全警示标识。

3）停炉

1.主要风险：

（1）燃气泄漏，导致火灾爆炸事故。

（2）残余燃烧不充分，导致中毒。

2.控制措施：

（1）设置燃气泄漏检测装置，与强制通风装置和燃气紧急切断装置联动。

（2）定时开窗通风，避免燃气聚集，及时对燃烧不充分的气体进行排放。

● **母站加气操作**

（一）CNG 管束车加气前准备

1.主要风险：

（1）管束车导静电接地线未接或未有效接触，装车时容易积聚静电，导致事故发生。

（2）车辆未熄火进行加气作业，引发火灾。

（3）未拉紧手刹，未设置防撞、防溜设施，车辆移动导致人身伤害或设备损坏。

（4）未放置警示牌，司机误启动车辆。

（5）导静电夹未可靠连接，导致静电积聚，引发事故。

（6）安全附件损坏，引发事故。

（7）软管破损、超期使用，导致软管爆裂。

（8）车辆在站内行驶的交通风险。

2.控制措施：

（1）管束车进站登记检查，确认管束车导静电拖地带完好且有效接地，引导车辆对位。

（2）确认车辆熄火，拔下启动钥匙，拉紧手刹。

（3）设置防撞、防溜设施。

（4）放置警示牌，防止司机误启动车辆。

（5）连接导静电线，释放静电。

（6）检查各安全附件完备有效。

（7）检查软管状况并定期更换。

（8）对车辆在站内行驶的道路、停放位置进行目视化定制管理。

(二)CNG 管束车加气作业

1. 主要风险:

(1)加气软管与管束车或与加气柱连接不牢固,高压气体或机械附件射出,造成人身伤害。

(2)阀门未正确开启,导致憋压。

(3)加气柱各管线接头高压气体泄漏。

2. 控制措施:

(1)确保加气软管连接可靠,应对管束车设置联锁保护装置,并做好压力监控。

(2)正确开启阀门,操作人员操作时身体不得面对阀门。

(3)定期检查接头密封情况,监控应尽量远离泄漏高压气流可能伤害区域。

(三)CNG 管束车加气结束

1. 主要风险:

(1)未及时放空软管内剩余天然气,拔管时导致人员伤害。

(2)软管残余气体放空形成局部闪爆空间。

（3）未拆卸连接部件移动车辆，导致人身伤害或设备损坏。

2.控制措施：

（1）首先放空软管内剩余天然气，再拆卸软管和防静电线等设施。

（2）放空软管残余气体时，应对操作空间进行浓度监控。

（3）办理相关手续，撤除警示牌及防撞、防溜设施，引导车辆驶离加气工位。

● 子站运行操作

(一）子站拖车卸气作业

1）子站拖车到站操作

1.主要风险：

（1）车辆在站内行驶的交通风险。

（2）管束车未按回转路线或进出观察不足，导致车辆剐蹭。

（3）未设置有效隔离防撞措施，被外来车辆撞击。

（4）未设置阻车器固定好管束车，导致溜车。

2.控制措施：

（1）正确引导管束车进出。

（2）对车辆在站内行驶的道路、停放位置进行目视化定制管理。

（3）将管束车停放在指定的安全作业区，熄灭牵引车发动机，设置阻车器固定好管束车。

（4）在管束车停放区域外设置有效隔离防撞措施。

2）卸气前准备

1.主要风险：

（1）管束车后仓门打开后未固定，导致人身伤害。

（2）导静电接地线未接或未有效连接，卸车时积聚静电，导致事故。

（3）车辆未熄火就进行卸气作业，引发火灾。

（4）安全附件损坏，引发事故。

（5）软管破损、超期使用，导致软管爆裂。

（6）管束车底部液压油缸泄漏，导致火灾危险。

2.控制措施：

（1）打开管束车后仓门，并将仓门固定在管束车两侧。

（2）将卸气点的静电接地线与管束车后仓的导静电片连接，确保连接到位。

（3）确认车辆熄火，拔下启动钥匙，拉紧手刹。

（4）检查各安全附件完备有效。

（5）检查软管状况并定期更换。

（6）检查确认管束车底部液压油缸无泄漏；检查确认管束车单、双供油放散阀关闭到位。

3）卸气操作

1.主要风险：

（1）加气软管与管束车连接不牢固，高压气体或机械附件射出，造成人身伤害。

（2）管束车后仓阀门开启不到位，导致系统憋压。

（3）干燥器的过滤器排污不及时，导致管线堵塞。

2.控制措施：

（1）缓慢打开卸气柱和管束车后仓放散阀，将卸气柱软管与子站管束车主阀保持水平位置对接，确认连接完好，并关闭放散阀，依次缓慢打开后仓瓶阀。

（2）缓慢开启主阀，同时观察卸气柱上压力表与管束车上的压力表数值保持一致，缓慢打开卸气柱手动进气球阀，系统进入卸气过程。

（3）操作人员操作时身体不得面对阀门。

（4）定期对干燥器的过滤器排污。

（二）储气井、储气瓶组补气作业准备

1.主要风险：

（1）阀位状态不正确，造成管线憋压。

（2）压力表指示错误，安全阀失效，导致事故。

（3）排污不及时，导致管线堵塞。

2.控制措施：

（1）认真检查，确保工艺流程、阀门状态正确。

（2）压力表、安全阀经校验在有效期内，确保准确、可靠。

（3）定期对储气井排污。

● **子站加气操作**

（一）加气准备

1. 主要风险：

（1）气瓶检查不到位，为不合格气瓶充气，导致事故。

（2）车辆溜车，拉断软管。

（3）乘客未在站外下车，加大事故影响。

2. 控制措施：

（1）检查气瓶、证件，不合格的气瓶不予充气。

（2）提示司机设置有效制动。

（3）车辆进站前，引导乘客下车，打开后备箱盖。

（二）加气操作

1. 主要风险：

（1）充气阀连接不牢固，未设置防脱措施，加气枪弹起。

（2）加气枪密封圈损坏，连接不牢固，导致事故。

（3）充气过程未能对加气车辆有效监护，导致车辆拉断软管。

（4）加气枪静电接地连接不良，导致火灾。

2.控制措施：

（1）每次连接加气枪后，设置防脱措施，提起加气枪确认连接牢固。

（2）经常检查加气枪密封圈及附件，确保完备有效。

（3）充气过程中严密监控车辆，加气完成后拔下加气枪，插好防尘塞，方可示意车辆离开。

（4）定期进行加气枪静电接地检测。

● **减压站运行操作**

安全要求参照子站卸气作业安全要求。

三、LPG 燃气操作岗安全要求——场站操作

● 公路槽车装卸车作业

（一）作业准备

1. 主要风险：

（1）首次投入使用或检验修理后的汽车槽车，未经过抽真空处理或氮气置换，易形成一定浓度的混合气体，从而引起爆炸。

（2）未释放人体静电，静电放电引发火灾。

（3）气液相排气阀未关闭，装卸气时造成泄漏。

（4）汽车槽车与装卸车鹤位发生碰撞造成车辆与设备损坏。

（5）汽车槽车导静电拖地带未触地或断裂，积聚静电引发火灾。

（6）汽车槽车停放时未拉紧手刹，防溜装置未安放好，溜放造成车辆与设备损坏。

（7）罐体检验已过期，罐体锈蚀或变形，安全附件损坏，可能导致燃气泄漏及爆炸风险。

（8）汽车槽车未熄火、排气管阻火罩失效，引发火灾爆燃。

（9）槽车超装，导致安全阀启跳甚至罐体爆裂。

（10）汽车槽车形成负压，导致罐内进入空气，引起爆炸。

2.控制措施：

（1）首次投入使用或检验检修后的汽车槽车，必须出具已置换合格的证明。

（2）作业人员防静电防护用品穿戴齐全，装卸车前触摸静电释放柱释放人体静电。

（3）检查气液相排气阀，确保关闭。

（4）装卸鹤管正确摆放，作业人员引导汽车槽车准确入位。

（5）汽车槽车装卸前检查导静电拖地带确保完好并有效接地。

（6）汽车槽车熄火停放，拉紧手刹并正确加装防溜装置。

（7）检查汽车槽车使用证及罐体检验日期在有效

期内，罐体无锈蚀变形，安全附件完好。

（8）确保汽车槽车熄火停放，排气管阻火罩完好且关闭。

（9）依照汽车槽车使用证核对提货单，确保在汽车槽车安全容量范围内。

（10）确定罐内余压大于0.05MPa。

(二) 装车作业

1. 主要风险：

（1）静电接地线未连接，装车过程中介质流速过快，产生静电，引起爆炸。

（2）鹤管快装接头密封圈老化，导致泄漏、火灾爆炸及人员冻伤。

（3）作业流程不畅通，管线憋压，导致设备故障、阀门泄漏。

（4）装车时定量装车仪故障，导致超装。

（5）装车时押运员和司机不在现场，发生突发事件时不能及时处理。

（6）没有对装卸车软管进行日常检查和定期更

换,导致燃气泄漏。

(7)密封点泄漏,可能导致火灾、爆燃。

2.控制措施:

(1)控制流速,正确连接静电接地报警器。

(2)定期检查和更换快装接头的密封圈。

(3)正确导通作业流程。

(4)确保定量装车仪完好,检查槽车液位计。

(5)装车时押运员和司机不得离开现场。

(6)日常检查,定期更换装卸车软管。

(7)加强对密封点检查,发现泄漏及时处置。

(三)卸车作业

1.主要风险:

(1)静电接地线未连接,卸车过程中介质流速过快,产生静电,导致爆炸。

(2)鹤管(软管)快装接头密封圈老化,导致泄漏、火灾爆炸及人员冻伤。

(3)作业流程不畅通,管线憋压,导致设备故障、阀门泄漏。

（4）卸车时押运员和司机不在现场，发生突发事件时不能及时处理。

（5）没有对装卸车软管进行日常检查和定期更换，导致燃气泄漏。

（6）密封点泄漏，可能导致火灾、爆燃。

（7）未确认品名，造成介质混装。

（8）抽压致使槽车压力过低，造成汽车槽车罐内进入空气。

2.控制措施：

（1）控制流速，正确连接静电接地报警器。

（2）定期检查和更换鹤管（软管）快装接头的密封圈。

（3）正确导通作业流程。

（4）卸车时押运员和司机不得离开现场。

（5）日常检查，定期更换装卸车软管。

（6）加强对密封点检查，发现泄漏及时处置。

（7）核对介质品名，确认进罐号。

（8）抽压结束时确保罐内余压大于0.05MPa。

（四）作业结束

1. 主要风险：

（1）未放空槽车与鹤管（软管）间的液化石油气，拔管时导致人员伤害。

（2）未拆卸鹤管（软管）移动车辆，导致人身伤害或设备损坏。

（3）未撤除警示桩（牌）、防溜装置，导致车辆和设备损坏。

2. 控制措施：

（1）首先放空槽车与鹤管（软管）间的液化石油气，再拆卸鹤管（软管）和静电接地线。

（2）装卸车结束后及时拆除鹤管（软管）。

（3）撤除警示桩（牌）、防溜装置，引导槽车驶出。

● **铁路槽车卸车作业**

（一）作业准备

1. 主要风险：

（1）未对准鹤位造成鹤管连接不上，无法卸气。

（2）防溜装置未安放好，铁路槽车溜放造成翻车事故。

（3）未释放人体静电，导致静电放电引发火灾。

（4）活动踏梯未复位与铁路槽车碰撞，造成车辆和栈桥损坏。

（5）罐体湿滑、踏梯未放稳，护栏、踏板缺陷，造成滑跌和高空坠落。

2.控制措施：

（1）卸车人员提前到岗接车，槽车人孔盖距鹤管立柱左右不超过2.5m。

（2）确认防溜装置正确安放。

（3）作业人员防静电防护用品穿戴齐全，卸车前触摸静电释放柱释放人体静电。

（4）确认活动踏梯已复位。

（5）活动踏梯完好稳固，注意滑跌，作业人员佩戴安全带。

（二）卸车作业

1.主要风险：

（1）流程错误造成介质混装、管线憋压、燃气泄漏。

（2）密封点泄漏，可能导致火灾、爆燃。

（3）未确认品名，造成介质混装。

（4）抽压致使槽车压力过低，造成铁路槽车罐内进入空气。

2.控制措施：

（1）正确导通作业流程。

（2）加强对密封点检查，发现泄漏及时处置。

（3）核对介质品名，确认进罐号。

（4）抽压结束时，确保罐内余压大于0.05MPa。

（三）作业结束

1.主要风险：

（1）未拆卸鹤管、活动踏梯未复位，进行拖车作业时，造成燃气泄漏、铁路槽车和栈桥损坏。

（2）未撤除防溜装置，导致铁路槽车脱轨颠覆及设备损坏。

2.控制措施：

（1）卸车结束后，及时完成鹤管和活动踏梯复位。

（2）联系机车，撤除防溜装置后，牵引铁路槽车出库。

● **液化气压缩机作业**

（一）准备

1. 主要风险：

（1）润滑油不足，导致压缩机干磨、超温运转，损坏设备。

（2）未盘车，造成设备卡阻损坏。

（3）未排空气液分离器内积液，造成设备损坏。

（4）工艺流程未导通或导通错误，造成憋压导致设备损坏。

（5）外露旋转部件无防护，导致人身伤害。

（6）设备电路、电线破损漏电，导致触电伤害或引发火灾爆炸。

2. 控制措施：

（1）检查润滑油油位，确认油位在上下刻度之间。

（2）启动前盘车，确保皮带轮运转正常。

（3）排空气液分离器，确保无积液。

（4）正确导通工艺流程并复核确认。

（5）确保旋转部件防护设施完好。

（6）确保设备电路、电线无破损。

（二）运行

1. 主要风险：

（1）压缩机润滑油压力过高或过低，导致机械事故。

（2）连接螺栓、地脚螺栓松动，使压缩机振动过大导致机械事故。

（3）压缩机出口阀门未打开启动压缩机，造成设备憋压损坏。

（4）超温超压运行，导致设备损坏。

（5）冷却设施故障，导致设备损坏、人员烫伤。

（6）压缩机阀片、密封件损坏未及时更换，过滤网未按期保养造成设备损坏。

2. 控制措施：

（1）确保压缩机润滑油压力在上、下限标识之间。

（2）检查连接螺栓、地脚螺栓紧固无松动。

（3）启动压缩机前打开出口阀门。

（4）加强检查监护，发生超温超压现象立即停机。

（5）确保冷却设施完好。

（6）确保压缩机阀片、密封件完好，定期清理过滤网。

（三）停机

1.主要风险：

未及时排空气液分离器积液，导致设备憋压。

2.控制措施：

按规定打开气液分离器排空阀，排空积液。

● 烃泵作业

（一）准备

1.主要风险：

（1）未进行盘泵，造成设备卡阻损坏。

（2）设备电路、电线破损漏电，导致触电伤害或引发火灾爆炸。

（3）工艺流程未导通或导通错误，造成憋压，从而损坏设备。

2.控制措施：

（1）进行盘泵，确保泵轴转动灵活。

（2）确保设备电路、电线无破损。

（3）正确导通工艺流程并复核确认。

（二）运行

1.主要风险：

（1）进出口阀门及回流阀未按操作规程打开，造成设备憋压损坏。

（2）密封点泄漏，造成火灾、爆炸。

（3）未定期添加润滑脂，造成设备磨损。

（4）夏季气温过高，使出入口管线液化气温度升高汽化，造成烃泵汽蚀、管线气堵、管道安全阀起跳，导致泄漏。

（5）进口过滤器未定期清理，造成烃泵损坏。

2.控制措施:

(1)按操作规程正确导通工艺流程并复核确认。

(2)加强对密封点检查,发现泄漏及时处置。

(3)定期添加润滑脂。

(4)夏季高温天气,烃泵进口阀门与液位较高储罐连通。

(5)定期清理进口过滤器。

(三)停机

1.主要风险:

未恢复工艺流程,造成管线憋压,导致泄漏。

2.控制措施:

作业完成后,正确恢复流程。

● 液化石油气储罐作业

(一)日常检查

1.主要风险:

(1)储罐未定期进行检验,造成设备损坏。

(2)储罐压力表、温度表、液位计、安全阀等安全附件超期未检或损坏,造成储罐超压、超限运行和泄漏发生。

（3）储罐基础开裂，或不正常沉降，导致泄漏。

（4）盘梯、护梯、平台不完整牢固，或有油渍、冰雪，导致人员伤亡。

（5）储存量未在安全压力和安全容量范围。

（6）防火堤出现裂缝、孔洞，水封井、排污管线阀门启闭错误，造成泄漏，引发火灾、燃爆。

（7）冬季储罐未采取防冻措施或排污不及时，造成阀门或管线冻裂泄漏。

（8）夏季高温未采取相应防范措施易造成储罐超温超压。

2.控制措施：

（1）按期对储罐进行检验。

（2）按期检验储罐压力表、温度表、液位计、安全阀等安全附件。

（3）定期检查储罐基础，确保基础无开裂或沉降。

（4）确保盘梯、护梯、平台完整牢固，无油渍、雨雪。

（5）确保储存量在安全压力和安全容量范围。

（6）加强检查，发现防火堤裂缝、孔洞及时修补，水封井、排污管线阀门平时处于关闭状态。

（7）确保储罐防冻措施完好，及时排污。

（8）夏季高温启动喷淋降温，防止储罐超温超压。

（二）倒罐作业

1. 主要风险：

（1）工艺流程导通不正确，造成管线憋压或泄漏。

（2）进出液罐液位超限，导致设备损坏或泄漏。

2. 控制措施：

（1）正确导通工艺流程并进行复核确认。

（2）倒罐期间监护到位，确保出液罐液位不低于0.2m，进液罐液位不超安全容积。

四、LNG 燃气操作岗安全要求——气化站运行

（一）卸车作业

1）准备

1. 主要风险：

（1）首次投入使用或检验修理后的罐车，未经过抽真空处理或氮气置换，形成一定浓度的混合气体，引起爆炸。

（2）未释放人体静电，静电放电引发火灾。

（3）气液相排气阀未关闭，装卸气时造成泄漏。

（4）罐车与卸车设施发生碰撞造成车辆与设备损坏。

（5）罐车导静电拖地带未触地或断裂，积聚静电引发火灾。

（6）汽车罐车停放时未拉紧手刹，防溜装置未安放好，溜放造成车辆与设备损坏。

（7）罐体检验已过期，罐体锈蚀或变形，安全附件损坏，可能导致燃气泄漏及爆炸风险。

（8）罐车未熄火、排气管阻火罩失效，引发火灾爆燃。

（9）罐车形成负压，导致罐内进入空气，引起爆炸。

2.控制措施：

（1）首次投入使用或检验检修后的罐车，必须出具氮气已置换合格的证明。

（2）作业人员防静电防护用品穿戴齐全，装卸车前触摸静电释放柱释放人体静电。

（3）检查气液相排气阀，确保关闭。

（4）卸车软管正确摆放，作业人员引导罐车准确入位。

（5）罐车装卸前检查导静电拖地带确保完好并有效接地。

（6）罐车熄火停放，拉紧手刹并正确加装防溜装置。

（7）检查罐车使用证及罐体检验日期在有效期内，罐体无锈蚀变形，安全附件完好。

（8）确保罐车熄火停放，排气管阻火罩完好且关闭。

（9）确定罐内余压大于0.05MPa。

2）卸车

1. 主要风险：

（1）卸车时进液罐、卸车区或罐车阀门未开启，造成管线、罐车憋压。

（2）未检查管线法兰连接、阀门，设备泄漏或损坏不能及时发现。

（3）操作时预冷不充分或操作速度太快导致管线和设备脆性破裂。

（4）低温防冻服、手套穿戴不齐全、不正确，导致冻伤。

（5）罐车增压时，压力控制不当，造成罐内超压。

（6）进液方式选择不当，导致卸车不顺利或储罐中液体分层，引发"翻滚"事故。

（7）冬季运行时没有对储罐区、卸车区低温液体阀门压盖进行预紧,造成出液卸车作业泄漏。

2.控制措施:

(1)卸车前必须对进液罐阀位,卸车区阀位,罐车上管道、设备、仪表、安全附件和联锁装置进行检查,确认无异常后方可进行卸车作业。

(2)卸车过程中要定时检测管线设备,有泄漏现象等异常情况时,能够及时处理。

(3)当操作前管线和设备处于常温状态时,必须对其进行预冷或严格控制液体流量,待设备和管线过渡到低温后,再进行相应的操作。

(4)操作中必须穿戴好低温防护用品。

(5)罐车增压操作时必须有人实时现场监控,并控制好增压管线液体流量。

(6)罐车中的LNG密度小于或接近储罐中的LNG密度时,从储罐的下进液口充注;大于储罐中的LNG密度时应从储罐的上进液口充注。

(7)秋检及冬季运行过程中对储罐区、卸车区低温液体阀门压盖进行预紧。

3)卸车结束

1.主要风险:

(1)拆卸软管时低温防护措施不到位、软管残液未排净造成人员冻伤。

(2)软管、阀门未复位,罐车开动时拉断软管。

2.控制措施:

(1)卸车时戴好低温防护用品,结束后,将软管内的残余液体和气体进行回收,不能回收的通过罐车放空阀进行泄放,确保软管残液或低温气体排放干净。

(2)对软管和罐车阀门进行检查,拆除静电接地线、移走防溜装置及警示牌,引导司机缓速驶出卸车区。

(二)倒罐作业

1)准备

1.主要风险:

(1)不及时倒罐,会发生分层现象,最终形成"翻滚",造成储罐压力急剧上升,破坏LNG储罐,酿成事故。

（2）倒罐前储罐阀位状态不清楚，流程切换错误，导致窜液。

2.控制措施：

（1）对于长期储存（45天以上）的LNG要定期检查储罐的真空度，检查不同部位LNG的密度，防止分层现象发生，发现储罐的压力和液位波动不正常时，要仔细检查发现问题及时倒罐。

（2）作业前应认真检查各储罐阀位状态，确保进行倒罐的两个罐都应处于非生产状态。

2）倒罐

1.主要风险：

（1）操作流程错误，造成窜液、管线憋压等事故。

（2）不同气质、密度的介质进行倒罐，造成"翻滚"。

（3）未及时检查进液罐的液位和压力会造成超装、超压。

2.控制措施：

（1）确认倒罐作业票，检查确认倒罐流程正确无误后再进行操作。

（2）进行倒罐的两个储罐的介质必须是相同气质、密度液体。

（3）倒罐过程中要定时监测管线设备液位压力变化，液位达到所需要求时，及时停止作业。

3）倒罐结束

1.主要风险：

未关闭相应阀门或阀门关闭不严，未恢复流程，造成窜液。

2.控制措施：

恢复流程，检查设备及附件是否完好，填写设备运行记录。

（三）出液操作

1.主要风险：

（1）操作时预冷不充分或操作速度过快导致管线和设备破裂。

（2）储罐增压过程中超压。

（3）出液流量超过气化装置最大气化量，导致出口温度过低，调压橇设备冻裂。

（4）管线、法兰、阀门、设备泄漏。

2.控制措施：

（1）必须进行预冷或严格控制液体流量，待设备和管线过渡到低温后，再进行相应的操作。

（2）储罐增压过程中合理设定储罐压力，储罐压力应设定声光报警、自力式压力阀自动泄压和安全阀超压泄放三级安全保护，同时要密切监控储罐压力液位的变化。

（3）实时监控气化装置出口温度变化，控制出液流量，气化装置出口温度不得低于调压橇设备最低设计温度。

（4）按规定巡检，管线、法兰、阀门、设备泄漏及时处理。

（四）加臭装置运行

1.主要风险：

（1）加臭量设置不足，导致燃气泄漏后不能及时发现。

（2）加臭机接地不良引发雷击或静电火花。

（3）臭剂或臭剂包装物保管不当造成泄漏，引发事故或社会恐慌。

（4）加臭机故障，输出压力不足导致事故。

（5）向储罐内添加臭剂时，未佩戴防毒面具等防护用具，导致中毒事故。

2.控制措施：

（1）严格按照操作规程操作，对加臭机定期进行维护保养。

（2）正确计算核定加臭量，定期修正设置值，确保足量加臭。

（3）定期检测加臭机及罩壳的接地电阻。

（4）按照危险化学品管理要求，加强臭剂管理。

（5）向储罐内添加臭剂时，佩戴好防护用具。

第三章 事故报告

发生事故后，当事人或发现人员应立即逐级报告，紧急情况可直接报警。发生伤亡或中毒事故应在保护好现场的同时迅速组织人员抢救；重大火灾、爆炸和环境污染事故，应立即启动应急预案，防止事故状态的进一步蔓延和扩大。

1. 对于突发事故，无论事故、事件是否清楚、原因是否确定或者责任是否划分，都应在第一时间按规定上报。

2. 生产安全事件发生后，现场有关人员应视现场实际情况按规定启动现场应急处置程序，防止事件进一步扩大。

3. 发生人身伤害、火灾爆炸和其他紧急情况的，可直接拨打急救或报警电话。

4. 不得隐瞒不报、谎报或者拖延不报，不得故意破坏事故现场、销毁有关证据。

5. 发生事故后，可用电话口头初报，随后要以事故快报的书面形式报公司上级主管部门。汇报内容应包含以下信息：

（1）事故发生的时间、地点。

（2）事故的简要经过。

（3）人员受伤程度。

（4）财物受损程度。

（5）目前现场的状态。

（6）已经采取的措施。

（7）其他应当报告的情况。

事故救援报警联系方式

火警：119（也可拨打指定火警电话）

匪警：110

急救：120（也可拨打指定急救电话）

交通报警：122

第四章 突发事件的现场应急处置

发生事件、事故，应首先做好自我保护，并注意保护现场。在确保自身安全的前提下，按照现场应急处置程序和相应的现场应急预案进行处置，避免事态扩大。

一、CNG泄漏现场应急处置

CNG泄漏应急处置工作流程可按以下十八字工作法进行：防护、报告、停机、控阀、放散、警戒、撤人、处置、恢复。

● 防护

防护是指发生泄漏后，人员要远离泄漏部位，防止高压气流对人身产生伤害。

● 报告

报告是指立即向上级单位调度报告事故（事件）的原因以及采用的应急处置程序。如事件升级，可申请救援。

● **停机**

1. 母站停机是指 CNG 泄漏后停止压缩机运转及关闭站内总电源。

2. 液压子站停机是指 CNG 泄漏后立即关闭液压撬控制按钮、站内总电源和管束车气动阀门,防止事故升级。

3. 压缩子站停机是指停止压缩机运转及关闭站内总电源,关闭管束车总阀门及瓶组手动阀门,防止事故升级。

● **控阀**

控阀是指正确控制泄漏部位前、后端的阀门。

● **放散**

放散是指将泄漏部位的天然气自然放散。

● **警戒**

警戒是指将加气站的入口和出口进行封闭,禁止一切可能产生火花的行为,防止发生次生灾害。如果泄漏现场燃气浓度达到爆炸极限，可协调交通、消防部门设立警戒区域，封堵路口。

- **撤人**

撤人是指将无关人员立即撤出站内到安全地带。

- **处置**

处置是指放散后，对泄漏部位进行维修。

- **恢复**

恢复是指开启站内总电源，恢复生产。

二、LPG 库站现场泄漏应急处置

LPG 库站现场泄漏应急处置工作流程可按以下"十八字"工作法进行：报告、停机、关阀、警戒、检测、喷淋、抽压、处置、恢复。

- **报告**

1. 报告是现场应急处置的首要步骤，报告的目的是为了把发生紧急情况的信息第一时间传递出去（给同伴、调度、上级、地方、相关方）。

2.在生产区和危险区域报告可以使用呼喊、防爆对讲机、库区报警器的方式,在生产区和危险区域外可采用打电话、传真、群发短信、电视告知等多种方式。

3.报告是一个信息逐级传递的过程,传递等级取决于发生突发应急事件的危险等级。

● **停机**

1.停机是报告泄漏后,首先应该做的第一项操作,即立即停止一切现场生产操作,如装卸车、倒罐、灌瓶、维修作业等。

2.正常生产运行操作停机的主要形式是采取现场手动停机和中控室急停两种方式。通过停止运行的压缩机、烃泵终止装卸车、倒罐、灌瓶等生产作业。

3.维修作业的停机主要是在现场的维修人员立即停止维修作业,对用电、动火、吊装等危险作业还应立即消除一切火源,并在确保安全的前提下清理现场影响应急处置的其他因素。

4.停机后,无关人员应立即撤离现场。

- **关阀**

1. 关阀是 LPG 泄漏现场应急处置的关键操作，关阀的目的是切断或减少 LPG 的来源。

2. 关阀包括关闭泄漏部位的上游阀门和下游阀门。

- **警戒**

1. 警戒是监控、封闭 LPG 泄漏现场危险区域的重要措施，警戒的目的是监控 LPG 泄漏危险区域的扩散情况，防止外来人员和无关人员进入危险区域而引发事故。

2. LPG 泄漏现场警戒范围为两重警戒，即泄漏危险区域和库站外主要通道两重警戒。第一重警戒主要针对 LPG 泄漏的危险区域，随时监控、报告泄漏区域扩散及泄漏情况，适时扩大警戒区域，在警戒区域扩至非生产区域时提前消除一切火源；第二重警戒在库站外主要通道，应管制交通，严禁烟火，严禁无关人员入内，并负有引导车辆的职责，在泄漏危险区域扩大时，适时扩大警戒区域，疏散警戒区域内无关人员。

3. 在警戒实施过程中或初步警戒完成后,必须及时进行检测,准确判断 LPG 泄漏的影响范围,确认警戒的安全边界。

4. 警戒包括拦阻外部人员、实时监控警戒线处检测数据、监护危险区域内的应急人员、正确引导媒体和公众四方面工作。

● **检测**

1. 检测是发生泄漏后采集 LPG 浓度和环境影响的过程,检测的目的是通过采集数据掌握可燃气体浓度,判断事态,掌握气象。

2. 检测包括可燃气体浓度测量、温度、风速、风向测定等方面。

3. 检测方式应实施动态检测,不间断地对下风区、扩散周边区域进行检测。由于 LPG 比空气重,检测应特别注意对地面实施露天检测、挖掘检测、窨井沟渠检测、交叉管网检测、建筑物检测,严防沟渠、管沟低洼处气体积聚或串气。

4.检测结果是后续处置的依据,检测周期可以采用定时检测或连续监测。

● 喷淋

1.喷淋的目的是降低储罐、管道的温度,驱散稀释集聚的液化石油气雾,降低可燃气体浓度,降低发生火灾、爆炸的危险性。

2.喷淋主要形式有储罐喷淋系统和消火栓、消防水炮。

3.对泄漏点进行喷淋稀释时,禁止用水直接冲击泄漏物或泄漏源,应采用雾状的形式进行稀释。

● 抽压

1.抽压的目的是降低泄漏储罐、管段的压力,减少泄漏量、减缓泄漏速度,防止事故的进一步扩大,为应急处置创造有利条件。

2.抽压的方式主要是接通泄漏罐、管段相连的气相,利用压缩机抽取泄漏罐、管段的液化气气相。

3.抽压时使用的设备要有指定的操作人,在使用前对设备周围的可燃气体浓度进行检测,在设备运行的过程中定时对其周围可燃气体浓度进行检测。

4. 若泄漏管段、储罐 LPG 存量少且泄漏封堵困难时，也可采用抽压方式将泄漏管段 LPG 抽至其他储罐（余压不得低于 0.05MPa）后，实施放空、置换、维修等处置工作。

● **处置**

1. 处置是处理 LPG 泄漏的核心步骤，处置的目的是查找、修复漏点，防止事态扩大。

2. 处置包括确定泄漏点、进行抢维修两个过程，处置方法应符合 CJJ 51—2006《城镇燃气设施运行、维护和抢修安全技术规程》的相关要求。处置方法如下：

（1）注胶堵漏法，采用专用夹具、手动液压泵、注胶枪等附件进行夹紧注胶堵漏。

（2）高压注水堵漏法，利用已有或临时安装的管线向罐内注水，将 LPG 界位抬高到泄漏部位以上，使水从泄漏处流出，待罐内水有一定液面时，冒水快速进行堵漏。

（3）先堵后粘法：堵塞后用粘结剂或金属薄片绑扎。

（4）螺栓紧固法。

（5）专用堵漏器或木楔子楔紧法。

3．应特别注意处置过程中引发次生事故的可能性，处置前应做好应急抢维修的准备工作，落实安全措施。处置过程必须严格遵守维抢修操作规程，作业现场应有专人监护，严禁单独操作，同时应用雾状消防水对泄漏位置进行稀释。

4．按照事件级别，部分处置应启动专项预案，注意专项预案与现场处置预案的相互衔接。

● **恢复**

1．恢复是应急处置过程的最终环节，恢复的目的是重新安全运行。

2．恢复包括安全试验、原因分析、责任认定、恢复运行四个步骤。

3．完成修复后，应对泄漏区域内下水道、电缆沟及周边窨井、烟道、地下管线和建（构）筑物等场所进行全面检查,应安排对事故点进行24h重点监护,临时性补救恢复要在有效期内及时整改。

4.应注意恢复后必须按照"四不放过"原则进行事故总结,防止类似事故再发生。

5.LPG泄漏原因未查清或隐患未消除时不得撤离现场,应采取安全措施,直至原因找到,隐患消除为止。

第五章　应急设备

一、消防灭火设施

1. 扑救 A 类火灾应选用水型、泡沫、干粉、卤代烷等灭火器。

2. 扑救 B 类火灾应选用干粉、泡沫、卤代烷、二氧化碳等灭火器，扑救水溶性 B 类火灾不得选用化学泡沫灭火器。

3. 扑救 C 类火灾应选用干粉、卤代烷、二氧化碳灭火器。

4. 扑救带电设备火灾应选用卤代烷、二氧化碳、干粉灭火器。

5. 扑救 A、B、C 类和带电设备火灾应选用干粉、卤代烷灭火器。

6. 扑救 D 类火灾应选用专用干粉灭火器。

● **干粉灭火器**

1. 适用范围。

适用于扑救各种易燃、可燃液体和易燃、可燃气体火灾,以及电气设备火灾。

2.使用方法。

(1)右手拖着压把,左手拖着灭火器底部,轻轻取下灭火器。

(2)右手提着灭火器到现场。

(3)除掉铅封。

(4)拔掉保险销。

(5)左手握着喷管,右手提着压把。

(6)在距离火焰5m的地方,右手用力压下压把,左手拿着喷管左右摆动,喷射干粉覆盖整个燃烧区。

● **泡沫灭火器**

1.适用范围。

适用于扑救各种油类火灾,以及木材、纤维、橡胶等固体可燃物火灾。

2.使用方法。

使用方法同干粉灭火器。只是灭火后,需把灭火器卧放在地上,喷嘴朝下。

● **二氧化碳灭火器**

1.适用范围。

适用于各种易燃、可燃液体和可燃气体火灾,还可扑救仪器仪表、图书档案和低压电气设备等的初起火灾。

2.使用方法。

同干粉灭火器。

● **推车式干粉灭火器**

1.适用范围。

适用于扑救易燃液体、可燃气体和电气设备的初起火灾。本灭火器移动方便,操作简单,灭火效果好。

2.使用方法。

(1)把干粉车拉或推到现场。

（2）右手抓着喷粉枪，左手顺势展开喷粉胶管，直至平直，不能弯折或打圈。

（3）除掉铅封，拔出保险销。

（4）用手掌使劲按下供气阀门。

（5）左手持喷粉枪管托，右手把持枪把，用手指扣动喷粉开关，对准火焰喷射，不断靠前左右摆动喷粉枪，把干粉笼罩在燃烧区，直至把火扑灭为止。

● **消防栓**

1. 适用范围。

可直接连接水带、水枪出水灭火，用于控制可燃物、隔绝助燃物、消除着火源。

2. 使用方法。

（1）打开消防栓门，按下内部火警按钮（按钮是报警和启动消防泵的）。

（2）一人接好枪头和水带奔向起火点。

（3）另一人接好水带和阀门口。

（4）逆时针打开阀门，水喷出即可。

注：电起火要确定切断电源。

● **消防水枪**

1. 适用范围。

灭火的射水工具,用其与水带连接会喷射密集充实的水流。具有射程远、水量大等优点。

2. 使用方法。

(1)打开消防栓门,取出水带、水枪。

(2)检查水带及接头是否良好,如有破损严禁使用。

(3)向火场方向铺设水带,避免扭折。

(4)将水带靠近消防栓端与消防栓连接,连接时将连接扣准确插入槽,按顺时针方向拧紧。

(5)将水带另一端与水枪连接(连接程序与消防栓连接相同)。

(6)连接完毕至少两人握紧水枪,对准火焰(勿对人,防止高压水伤人)。

(7)缓慢打开消防栓阀门至最大,对准火焰根部进行灭火。

二、安全防护

● 安全帽

1. 适用范围。

安全帽产品按用途分为一般作业类（Y类）安全帽和特殊作业类（T类）安全帽两大类，其中T类安全帽又分成五类：

T1类适用于有火源的作业场所；

T2类适用于井下、隧道、地下工程、采伐等作业场所；

T3类适用于易燃易爆作业场所；

T4（绝缘）类适用于带电作业场所；

T4（低温）类适用于低温作业场所。

每种安全帽都具有一定的技术性能指标和适用范围，所以选用要根据所使用的行业和作业环境选购相应的产品。

2. 使用方法略。

● 安全带

1. 适用范围。

主要用于防止高处作业人员发生坠落或发生坠落后将作业人员安全悬挂，也可作为发生突发事件时对作业坑内的作业人员实施营救的拉拽措施。

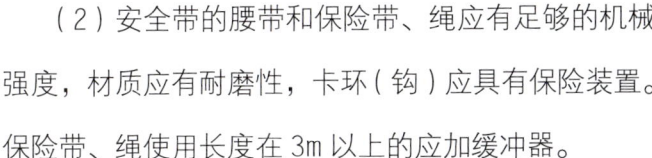

2.使用方法。

（1）安全带使用期一般为3~5年，发现异常应提前报废。

（2）安全带的腰带和保险带、绳应有足够的机械强度，材质应有耐磨性，卡环（钩）应具有保险装置。保险带、绳使用长度在3m以上的应加缓冲器。

3.使用安全带前应进行外观检查：

（1）组件完整、无短缺、无伤残破损；

（2）绳索、编带无脆裂、断股或扭结；

（3）金属配件无裂纹、焊接无缺陷、无严重锈蚀；

（4）挂钩的钩舌咬口平整不错位，保险装置完整可靠；

（5）铆钉无明显偏位，表面平整。

4.安全带应系在牢固的物体上,禁止系挂在移动或不牢固的物件上,不得系在棱角锋利处。安全带要高挂和平行拴挂,严禁低挂高用。

5.在杆塔上工作时,应将安全带后备保护绳系在安全牢固的构件上(带电作业视其具体任务决定是否系后备安全绳),不得失去后备保护。

● **正压式空气呼吸器**

1.适用范围。

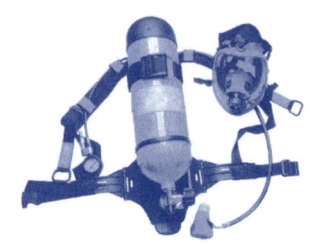

-30~+60℃、相对湿度0%~100%FS、大气压力70~125kPa,有浓烟、毒气、蒸气或缺氧等大气环境中。

2.使用方法。

(1)打开气瓶阀,检查气瓶气压(压力应大于24MPa),然后关闭阀门,放尽余气。

(2)气瓶阀门和背托朝上,采用过肩式或交叉穿衣式背上呼吸器,适当调整肩带的上下位置和松紧,直到感觉舒适为止。

（3）插入腰带插头，然后将腰带一侧的伸缩带向后拉紧扣牢。

（4）撑开面罩头网，由上向下将面罩戴在头上，调整面罩位置。用手按住面罩进气口，通过吸气检查面罩密封是否良好，否则再收紧面罩紧固带，或重新戴面罩。

（5）打开气瓶开关及供气阀。

（6）将供气阀接口与面罩接口吻合，然后右手握住面罩吸气根部，左手把供气阀向里按，当听到"咔嚓"声即安装完毕。

（7）应呼吸若干次检查供气阀性能，呼气和吸气都应舒畅，无不适感觉。

● **护目镜**

1.适用范围。

防打击护目镜能防止金属、砂屑、钢液等飞溅物对眼部的伤害，多用于机床操作、铸造捣冒口、焊接等工种。

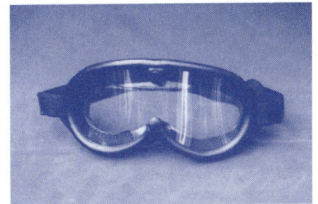

防辐射护目镜能防止有害红外线、耀眼的可见光和紫外线对眼部的伤害,主要用于冶炼、浇注、烧割和铸造热处理等工种。

2.使用方法。

将护目镜镜腿搭在两耳处,让镜片部分护住双眼,防止滑落即可。

● **防毒面具**

1.适用范围。

防毒面具是保护人的呼吸器官、眼睛和面部,防止毒气、粉尘、细菌等有毒物质伤害的个人防护器材。防毒面具广泛应用于石油、化工、矿山、冶金、军事、消防、抢险救灾、卫生防疫和科技环保等领域。

2.使用方法。

(1)将面具盖住口鼻,然后将头带框套拉至头顶。

（2）用双手将下面的头带拉向颈后，然后扣住。

（3）风干的面具请仔细检查连接部位及呼气阀、吸气阀的密合性，并将面具放于洁净的地方以便下次使用。

（4）清洗时请不要用有机溶液清洗剂进行清洗，否则会降低面具的使用效果。

- **低温防护面罩**

1.适用范围。

防御固态或液态（低温）的有害物体伤害眼睛及面部。

2.使用方法。

将防护安全帽戴于头部，放下防护面罩，挡住面部，调整松紧防止掉落即可。

3.注意事项。

（1）佩戴防护面罩要调整松紧合适，防止掉落。

（2）面罩磨损粗糙，会影响操作人员的视力，应及时调换。

（3）经常检查面屏，防止重摔重压，防止坚硬的物体磨擦面罩,如果有损伤时应立即更换。

● **避火服**

1. 适用范围。

适用于在火场的火焰区进行灭火和抢险救援以及高温抢修时穿着。

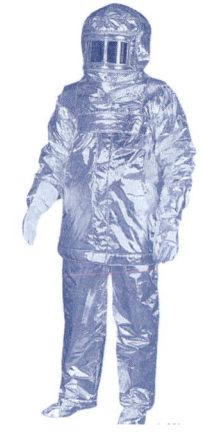

2. 使用方法。

因避火服较其他衣服稍重,穿戴时须有人帮忙。

1. 穿避火服时,先穿上裤子,然后穿上防火靴,拉上拉链,裤管套在靴筒上,扎紧裤口。

2. 背好气瓶,戴好呼吸器,将拉链拉开后套上上衣,然后拉上拉链,按好揿钮,戴上手套后扎紧袖口。

3. 将头盔戴好,再将腋下固定带固定好。

4. 全身检查后再进入火场操作。脱卸时,先脱去手套,然后脱去上衣,卸下呼吸器及气瓶,脱去防火靴,最后脱去裤子。

● **防静电服**

1. 适用范围。

适用于对静电敏感场所或火灾、爆炸危险场所穿用。

2. 使用方法。

（1）凡是在正常情形下，爆炸性气体混杂物持续、短时间频繁地涌现或长时间存在的场合及爆炸性气体混杂物有可能呈现的场合，可燃物的最小点燃能量在 0.25 mJ 以下时，应穿防静电服。

（2）禁止在易燃易爆场合穿脱防静电服。

（3）禁止在防静电服上附加或佩戴任何金属物件，以防打火。

（4）穿防静电服时，还应与防静电鞋配套应用，同时地面也应是防静电地板并有接地系统。

（5）防静电服应保持干净，确保防静电性能，清洗时用软毛刷、软布蘸中性洗涤剂洗擦，或浸泡轻揉，不可破坏布料导电纤维，不可暴晒。

（6）普通的防静电服可自行清洗，要求高的防静电服需专业清洗机构清洗。

(7)穿用一段时间后,应对防静电服进行检验,若静电性能不符合要求,则不能再使用。

● **洗眼液**

1.适用范围。

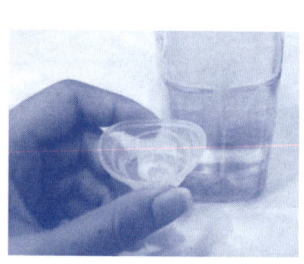

冲洗眼睛,以减少因酸、碱或微粒污染所造成的严重伤害眼睛的机会。

2.使用方法。

(1)必须将洗眼液与水按1:10的比例稀释,然后才能使用。

(2)准备足够数量的洗眼液以备在紧急情况下使用。

(3)妥善弃置使用后的空瓶。

● **防爆工具**

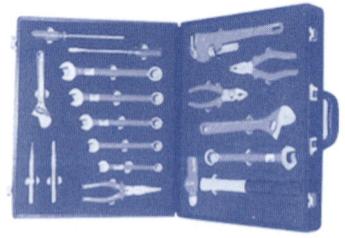

1.适用范围。

用于易爆、易燃场合。

2.使用方法。

（1）敲击类工具每次打击后，清除工具打击部位黏着的被打击的碎屑积锈后再继续使用，不可连续打击，超过十次有适当间歇。

（2）扳手类工具首先应卡牢，防止脱开，两手握紧手柄，合理、均匀用力，防止用猛力或暴力。不可超力使用，更不能用套管或绑缚其他金属棒料加长力臂，以及用锤敲击(敲击扳手除外)的方法旋扭固件。

（3）刃口类工具应放在水槽内轻轻接触砂轮进行刃磨，不可用力过猛和接触砂轮时间过长。

● **防爆阀门扳手**

1. 适用范围。

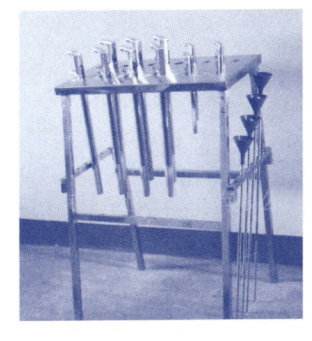

防爆阀门扳手的工作端是四方的直柄扳手，此种工具的材料为铝青铜合金。防爆阀门扳手的类型多种多样，通常比较常见的是三爪电镀阀门扳手、六爪防滑电镀阀门扳手以及两爪防滑电镀阀门扳手。防爆阀门扳手构造坚固，使用简便，成本不高，是发电部门以及化工领域开关阀门的必须工具。

2.使用方法。

(1)首先应该与门轮卡牢,防止脱开。

(2)操作人应两脚分开且脚底站稳,两腿合理支撑,防止摔倒。

(3)操作人应两手握紧手柄,并且合理、均匀用力,防止用猛力或暴力。

(4)阀门扳手的手柄应与门轮在同一水平面,使得阀门扳手的力合理地用在门轮上,防止用力过大而损坏门轮。

● **防爆轴流风机**

1.适用范围。

叶轮由铝合金加工而成,电动机采用隔爆型电动机,以防止在运转中引起火花。适用于输送易燃易爆无腐蚀性气体。适用于温度组别为T1~T4

的环境；广泛应用于一般工厂、仓库、办公室、住宅内或其他封闭、半封闭等场所的通风换气。

2.使用方法。

（1）该设备安装完后，必须进行试运行，且各项技术指标完全达到设计、施工等要求。

（2）风机启动前，必须检查流道中是否有异物，以防启动后，风机的叶轮被异物碰撞，出现损伤。

（3）操作启动设备，应按先一级、后二级的顺序依次启动风机，并确保从风机进风方向看，叶轮作逆时针旋转为正常运转。

（4）风机启动并达到正常运转后，要及时观察：电动机的运转电流是否超过额定电流；风机流道中是否有异常声音。如发现问题要及时停机检查。待查明原因后，方可开机。

（5）风机在使用过程中，要做好每一个技术参数的记录。其中包括：风机启动和停机时间、停机原因、环境温度、湿度、大气压力、电动机工作电压、工作电流、各个轴承的温度、电动机定子的温度、风机的风压、风量等。

（6）反风时，先切断电源，制动手刹。制动时要缓慢用力，不得一次用力闸死，等叶轮停止转动后方可进行反转，否则有可能烧毁电气设备。

（7）每周加入适量的二硫化钼锂基润滑油或轴承特殊配套的润滑脂两次。

（8）操作人员要经常检查风机运行情况，一旦发现有异常声响或有振动、升温等现象，要立即停机处理，排除故障后方可启动。

三、检测器材

● 可燃气体检测仪

1. 适用范围。

可以对单一或多种可燃气体浓度检测响应。

2. 使用方法。

（1）按下开机键（约2s），这时会伴有声音信号产生，同

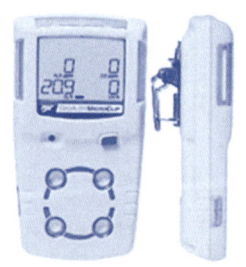

时屏幕显示图标 CH_4（代表测量气体类型为甲烷）、加热进度条和加热图标 HT，约 20s 后进入测量模式。

（2）当现场存在可燃气体时，屏幕上就会显示气体的浓度和报警声音（报警声须处于打开状态）。报警声音会随着燃气浓度的变化自动调节频率，表现为浓度越高，频率越快。

● **携带式硫化氢检测仪**

1. 适用范围。

适用于检测暴露在极端环境中危险气体 H_2S 的浓度。

2. 使用方法。

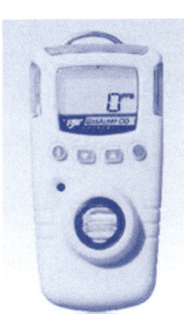

（1）开启电源：按下电源"开机"触摸键即可接通电源，此时电源指示灯发光，仪器将有显示。

（2）检查电源电压：电源接通后或在仪器工作过程中，如果蜂鸣器发出连续叫声，同时液晶显示"LO-BAT"字样，报警指示灯连续发光时，说明电压不足，应立即关机进行充电（14~16h）或更换电池。注意，充电工作必须在安全场所进行。

（3）零点校正：如果在新鲜清洁的空气中数字指示不为000，则应用螺丝刀调整调零电位器"Z1"使显示为000。如果达不到，或数字跳动变化较大，则说明传感器可能有问题，请更换传感器。为保证仪器测量精度，在使用过程中应定期进行调校并严格记录。

（4）正常检测：开机并在空气中调节000显示后即可进行正常测试。此时测试的是从仪器前面窗口扩散进的周围环境的硫化氢气体含量。如果需要测量操作人员不能进入地区的硫化氢含量，可将本机采样管接入吸气嘴，将采样头伸到被测地点，按动"开泵"触摸开关，泵开始工作时开泵指示灯发出红光，此时仪器测量的是从吸入嘴吸入的硫化氢气体含量。注意：防止接头处漏气，不可将脏物和液体吸入仪器内。

● **测氧仪**

1.适用范围。

用于对气体中的氧含量进行测量，从而掌握、判

断周围环境是否处于安全状态。

2.使用方法。

（1）将电源开关拨到"ON"位置，待电源接通约2min，液晶显示数字稳定后（刚开机数字由大到小，下降是暂态过程，属正常现象），捏动吸气球2~3次，吸入新鲜空气，或氧电极头部暴露大气中用螺丝刀调节左上角空气定标21%电位器，使液晶屏显示21.0。

（2）把取样装置一头与被测气体出口相连接，另一头连接吸气球，捏动吸气球3~4次，待稳定后，即可读出被测气体中的含氧量。

（3）检测结束后，关断电源。

● **静电检测仪**

1.适用范围

主要用于实验室条件下测定纺织原料和制成品（含纤维、纱线、织物、地毯、装饰织物）的静电性能，也可

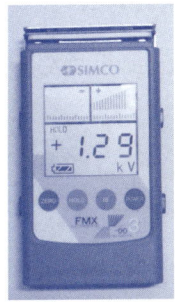

用来测定其他片状或板状材料如纸张、橡胶、塑料、复合板材等的静电性能，可测范围在 ±20kV。

2. 使用方法。

（1）在测试仪后的电池槽内放入 9V 干电池。

（2）将接地线香蕉插头插入 HAKKO-498 测试器上端的接地线插座内。

（3）将手腕带扎紧手腕。

（4）把接地线接到手腕带上。

（5）用手按下测试器板。这时，液晶指示灯亮起并可听到一声鸣声。

若红色"LOW"灯亮，需检查手腕带与地线的电阻，当小于 800kΩ，这样会对人体安全有影响。

若红色"HIGH"灯亮，需检查手腕带是否扎紧手腕，并检查手腕带接地线电阻，确保手腕带未松脱测试器接地线。

若绿色"GOOD"灯亮，表示接地系统良好。

四、警戒器材

● **警示牌**

1. 适用范围。

主要用于提醒对周围燃气泄漏、维护、抢修等环境引起注意,以避免发生危险。

2. 使用方法。

根据现场需要将已制作完好的警示牌放置在现场周围,一般与警戒带配合使用。

● **警戒带**

1. 适用范围。

主要用于对燃气泄漏、维护、抢修等周围

区域进行划界警戒,警示无关人员,避免发生危险。

2. 使用方法。

根据现场需要,用警戒带利用现场桩柱物体或自带桩杆将现场周围划界警戒,一般与警示牌配合使用。

五、报警设备

● **声光报警器**

1. 适用范围。

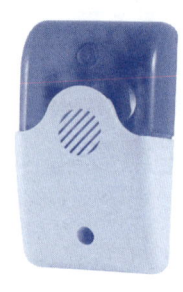

主要应用于石油、燃气、化工、油库等存在有毒气体的石油化工行业,用以检测室内外危险场所的泄漏情况,警示值班人员可及时采取安全措施,避免燃爆事故发生。

2. 使用方法。

(1)报警器的安装高度一般应在180cm以上,以便于维修人员进行日常维护。

(2)报警器是安全仪表,有声、光显示功能,应安装在工作人员易看到和易听到的地方,以便及时消除隐患。

(3)报警器的周围不能有对仪表工作有影响的强电磁场(如大功率电动机、变压器)。

(4)被测气体的密度不同,室内探头的安装位置也应不同。被测气体密度小于空气密度时,探头应安装在距屋顶 30cm 外，方向向下；反之，探头应安装在距地面 30cm 处，方向向上。

六、医疗器材

● **急救包**

1. 适用范围。

急救包是装有急救药品及消过毒

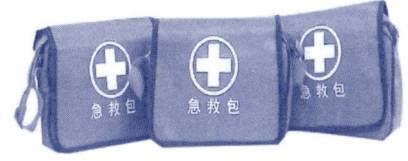

的纱布、绷带等的小包，在人们出现意外情况下应急使用的救援物品。

2. 使用方法。

具体参照各用品使用说明书。

● **三角巾**

可对全身各部位进行止血和包扎，尤其是对肩部、胸部、腹股沟部和臀部等不易包扎的部位，操作简单，使用方便。

七、照明设备

● **防爆探照灯**

1. 适用范围。

主要应用于作业现场的远距离监控、监视、照明、搜索、巡查、追踪等特殊作业需要。

2. 使用方法。

可选用座式、壁挂、吊挂、吸顶等多种安装方式;灯头以灯座支架端部为轴心,可360°旋转照明,并可在16°的范围内左右转动照明,满足不同工作现场对照明角度的需要。通用管螺纹电缆引入口,可适应 $\phi 8 \sim 14mm$ 不同线径电缆引入;多个电缆引入口,可实现多灯并联,适合布局工程照明。

● **防爆应急灯**

适用于易燃易爆危险场所和环境停电时应急照明。

● 应急发电机

主要用于抢修等作业现场或场站的临时用电。

八、通信设备

● 防爆对讲机

适用于爆炸性气体环境下的通信。

● 防爆扩音器

1.适用范围。

用于站内应急疏散宣传、通告等。

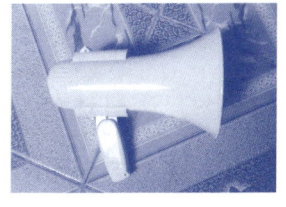

2.使用方法。

手握扩音器把手,按下扩音器喊话键,嘴离扩音器话筒端 2~5cm,喊话即可。

九、堵漏器材

● 木制堵漏楔

1.适用范围。

用于各类孔洞状较低压力的堵漏作业。

2.使用方法。

对于压力较低的临时封堵时,用锤类工具将木制堵漏楔砸进洞状泄漏孔,达到止漏的目的。

● **粘贴式堵漏工具**

1.适用范围。

用于各种管道、容器的法兰垫、密封填料、管壁、罐体、阀门等部位的点状、线状和蜂窝状泄漏时堵漏。

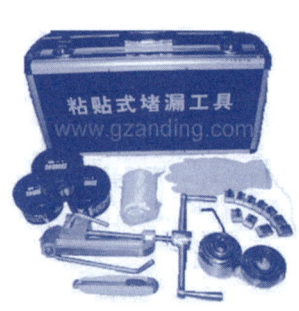

2.使用方法。

(1)将钢带扣套在钢带上,其长度按需要截取。

(2)将钢带尾端15mm处折转180°,勾住钢带卡,然后将钢带首端穿过钢带卡并围在泄漏部位外表上。

(3)使钢带穿过紧带器扁嘴及滑块的导向槽,

将紧带器装在钢带上并使滑块靠近扁嘴，然后按住压紧杆，以防钢带退滑。

● **管卡**

1. 适用范围。

应用于给排水、燃气输送、石油基油类运送及石油、化工、冶金、矿产、电力、水利、船舶等行业的铸铁、钢、塑料、水泥等管道的带压堵漏及新管道的连接。地上、地下工程均可使用。

2. 使用方法。

堵漏时将管卡包裹在漏点处，由螺栓卡紧，也可代替法兰、焊接等方法用于新管道的连接。

十、污染清理用具

● **集污袋**

用于收集清洗和消毒用过的污水，或收集场站油污等。

附录一 燃气相关安全知识

一、天然气安全知识

1. 天然气是无色无味的气体，不易察觉，易引起燃烧和爆炸。

2. 天然气的密度比空气小，泄漏后不易留在低凹处，有很好的扩散性。

3. 天然气中含有一定量的酸性气体，主要为硫化氢、二氧化碳等组分，可以造成对金属的腐蚀。天然气含水时腐蚀程度更严重，因为 CO_2 溶于水后形成 H_2CO_3，对金属管线有一定的腐蚀性，易造成管线腐蚀泄漏。

4. 天然气的主要成分为甲烷（CH_4），属于微毒物质，甲烷浓度高会使人窒息，当空气中甲烷达到 25%~30% 时，会引起人头痛、头晕、乏力、注意力不集中、呼吸和心跳加速等情况，甚至产生窒息、昏迷,长期接触可出现神经衰弱综合征。

5.天然气的爆炸极限为 5%~15%,爆炸下限低。泄漏的天然气和空气混合遇高热易发生爆炸。

二、压缩天然气(CNG)安全知识

1.CNG 即压缩天然气,是天然气经加气站净化、脱水,并由压缩机压缩到 20~25MPa,充装进入高压钢瓶组槽车储存,再运送到各站点向用户供应的天然气。

2.CNG 与管道天然气的组分相同,主要成分为甲烷,可作为车辆燃料使用。

3.CNG 是以符合现行国家标准《天然气》GB 17820—2012 之 II 类作为气源。车用压缩天然气符合《车用压缩天然气》GB 18047—2000 的规定。

4.根据站场气源情况将 CNG 站场分为 CNG 常规加气站、CNG 母站及 CNG 子站。CNG 子站分为城镇 CNG 供应子站及 CNG 汽车加气子站。

5.CNG 是以压缩气状态存储在容器中,压力在

20MPa左右时,气流可以对人身造成巨大伤害。

三、液化石油气(LPG)安全知识

1. 液化石油气是炼油厂在进行原油催化裂解与热裂解时所得到的副产品,它是一种无色气体或黄棕色油状有特殊臭味的液体,液态液化石油气密度为580kg/m^3,气态密度为2.35kg/m^3。

2. LPG是易燃物质,空气中液化石油气含量达到爆炸浓度范围时,遇明火即爆炸。LPG还具有易燃性、气化性、受热膨胀性、滞留性、带电性、腐蚀性及窒息性等特点。

3. LPG的主要成分是丙烷(C_3H_8)和丁烷(C_4H_{10}),有的LPG还含有丙烯(C_3H_6)和丁烯(C_4H_8)。丙烷的沸点是-42℃,因此是特别有用的轻便燃料。即使温度很低,丙烷从高压容器释放后,也能立刻气化,因此它是清洁燃料。丁烷的沸点约为-0.6℃,温度很低时不会气化,因此丁烷的用途有限,需与丙烷混和使用,而非单独使用。

4. LPG 的密度受温度影响较大，温度上升密度变小，同时体积膨胀。由于液体压缩性很小，因此压力对密度的影响也很小。

5. LPG 的闪点为 -74℃，热值为 45.22MJ/kg，引燃温度为 426~537℃，爆炸下限为 1.5%，爆炸上限为 9.5%。

6. LPG 具有污染小、发热量高的特点。LPG 是由 C_3（碳三）、C_4（碳四）组成的碳氢化合物，可以全部燃烧，无粉尘。在现代化城市中应用，可大大减少过去以煤、柴为燃料造成的污染。

7. LPG 易于运输。LPG 在常温常压下是气体，在一定的压力下或冷冻到一定温度可以液化为液体，可用火车（或汽车）槽车、LPG 船在陆上和水上运输。

四、液化天然气（LNG）安全知识

1. LNG 是天然气经过净化之后，通过压缩升温，在混合制冷剂的作用下，冷却移走热量，并除去其中的氮气、二氧化碳、固体杂质、硫化物和水，再节流膨胀而得到-162℃的以液态形式存在的天然气,经过这一过程,天然气体积缩小了625倍。

2. LNG无色、无味、无毒且无腐蚀性,由于LNG汽化后密度很低,只有空气的一半左右,稍有泄漏立即飞散开来,不致引起爆炸。

3. LNG作为燃料,与传统燃料相比具有能量密度大、运输方便、排放物污染小、安全性能好、经济效益显著、抗噪性强、燃烧安全、运行稳定、续驶里程长、不易自燃、尾气排放更为清洁等优点。

4. 目前有LNG加气站、L-CNG加气站、LNG/L-CNG加气站三种。可以划分为三个等级,如下表所示:

级别	LNG加气站		L-CNG加气站、LNG/L-CNG加气站		
	LNG储罐总容积	LNG单罐容积	LNG储罐总容积	LNG单罐容积	CNG储气总容积
一级	$120<V\leqslant180$	$V\leqslant60$	$120<V\leqslant180$	$V\leqslant60$	$V\leqslant12$
二级	$60<V\leqslant120$	$V\leqslant60$	$60<V\leqslant120$	$V\leqslant60$	$V\leqslant9$
三级	$V\leqslant60$		$V\leqslant60$		$V\leqslant8$

5.LNG、L-CNG、LNG/L-CNG 加气站基本设备如下：

加气站类型	供气车辆类型	主要设备名称
LNG加气站	LNGV	LNG储罐、气化器、潜液泵、LNG加气机
L-CNG加气站	CNGV	LNG储罐、气化器、潜液泵、LNG加气机、LNG高压气化器、LNG高压泵、CNG储气瓶、CNG加气机
LNG/L-CNG加气站	LNGV、CNGV	LNG储罐、LNG高压气化器、LNG高压泵、CNG储气瓶、CNG加气机

附录二 常见"三违"行为

一、进入加气站生产区域的车辆未按要求加装防火帽

危害:车辆在未熄火前,燃料燃烧的火花可能伴随尾气经由车辆消音器后排放到站内,引发火灾、爆炸事故。

整改建议:进入加气站生产区域的车辆,必须按照要求加装防火帽。

二、操作阀门时,人体正对阀门

危害:正对阀门开关操作,可能由于阀门丝杆衬套老化、断裂,导致丝杆或手轮弹出,使操作人员受伤。

整改建议:开关阀门时应站立在阀门的侧面。

三、使用管钳（F形扳手）进行阀门开关操作时开口朝内

危害：阀门开关操作，如管钳（F形扳手）开口朝内，可能由于阀门丝杆衬套老化、断裂，导致丝杆或手轮弹出，造成人员伤害。

整改建议：使用管钳（F形扳手）阀门开关操作时，开口朝外。

四、未按规定穿戴劳动保护用品并且进行违章带电作业

危害：触电、人身伤亡。

整改建议：对电气设备进行拆装前，必须由取得相应专业资格证人员进行操作。操作时首先切断电源，严禁带电作业。切断电源后应对电源控制箱进行

上锁挂签，防止误操作。作业开始前要正确穿戴好劳动保护用品，并对将要拆装的设备进行验电，确认无危险后方可检修操作。整个检修过程中必须安排专人现场全程安全监护。

五、在雷雨天、管线有燃气泄漏、放散火炬周围有明火时，进行放空作业

危害：雷雨天、管线有燃气泄漏、放散火炬周围有明火时，进行放空作业，天然气会扩散到空中，可能遇雷击或火花后发生爆炸。

整改建议：雷雨天、管线有燃气泄漏、放散火炬周围有明火时，严禁进行放空作业。

六、切换工艺流程，先关后开阀门

危害：可能造成管段内气体压力升高，造成憋压事故。

整改建议：切换工艺流程时，必须遵循"先开后关"的原则。

七、燃气设备检修时阀门切断后不加装盲板

危害：检修时阀门切断后不加装盲板，由于阀门关闭不严或阀门内漏，燃气泄漏后可能引起火灾、爆炸等事故。

整改建议：燃气设备检修时关闭阀门后还应加装盲板。

八、下阀井、储罐、窨等有限空间作业前未事先气体检测

危害：下阀井、储罐、窨等有限空间作业前未事先进行气体检测，易造成气体中毒或窒息等事故。

整改建议：下阀井、储罐、窨等有限空间作业前必须事先进行气体检测。

九、下阀井、储罐、窨等有限空间作业时不系安全带

危害：下阀井、储罐、窨等有限空间作业时不系安全带，当发生意外事故时，监护人无法进行有效施救。

整改建议：下阀井、储罐、窨等有限空间作业时必须系好安全带，并设专人监护。

十、在脱硫塔、储罐等上方作业高处作业未采取防护措施，或上下台阶不扶扶手

危害：易导致滑跌等人身伤害。

整改建议：加强个人防护措施，上下台阶使用扶手。

十一、随意丢放或处理危险化学品以及盛放危险化学品的容器

危害：易导致气体中毒、火灾和爆炸。

整改建议：废弃的危险化学品以及盛放危险化学品的容器要由有处理该项业务资质的企业回收后统一处理。

十二、在易燃易爆区不使用防爆工具进行操作

危害：易产生火花，造成火灾、爆炸事故。

整改建议：在易燃易爆区应使用防爆工具进行操作。

十三、燃气设备设施内气体微漏不处理

危害：发生火灾、爆炸事故。

整改建议：燃气设备设施内气体微漏要悬挂明显标识，并及时处理。

十四、气体化验取样时未站在上风向

危害:取样时如接触有毒有害气体,站在下风向易造成取样人员中毒。

整改建议:确保站在上风向进行取样操作。

十五、在天然气生产区域内使用非防爆通信工具

危害:通话中产生电火花,易引发火灾、爆炸事故。

整改建议:设立警示牌,进入生产区域应关闭非防爆通信工具。

十六、在生产区域用汽油、柴油、轻质油等液体擦拭设备油污，清洁地面

危害：摩擦产生静电，易发生火灾、爆炸事故。

整改建议：用洗油剂擦拭设备油污，清洁地面。

十七、在设备运行时清扫、擦拭、润滑转动部分或带压拆卸设备

危害：易造成人身伤害。

整改建议：停机状态下方可进行设备维护检修。

十八、空气开关跳闸后，不分析跳闸原因直接合闸

危害：强行合闸，易发生短路，导致电气火灾。

整改建议：空气开关跳闸后，应由专业电工查明原因整改完毕后再合闸送电。

十九、可燃气体报警器报警时，不查明原因就切断报警器电源

危害：易导致天然气泄漏后不能及时被发现，导致火灾、爆炸事故。

整改建议：可燃气体报警器报警时，应到达该点现场检查确认，查明原因，及时采取处理措施并汇报。如是误报警，应消音并恢复到原状态。

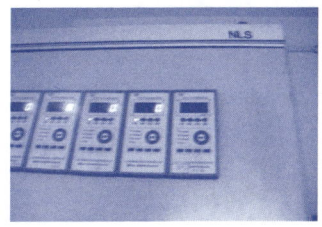
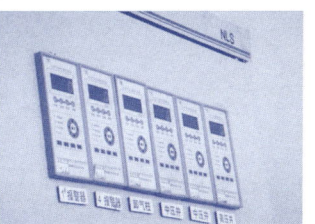

二十、燃气管线或燃气设备冻堵后用喷灯或明火烘烤

危害：易造成管线憋爆伤人或引发火灾。

整改建议：燃气管线或燃气设备冻堵后应使用蒸汽、热水等措施解冻。

二十一、非电工操作、维修电气设备

危害：易出现误操作，造成触电伤人、电气火灾事故。

整改建议：严禁非专业人员操作电气设备。

电气安全

二十二、检查灭火器时不检查压力

危害：低于标准压力，灭火器不能正常使用。

整改建议：按照规定，定期对灭火器进行全面检查。

二十三、进入供气站生产区域前，未按规定佩戴劳动防护用品

危害：不能防御外来伤害，造成人身伤亡事故。

整改建议：进入供气站生产区域前，认真检查劳保着装情况，不得佩戴饰物，头发过长应挽起。

二十四、岗位员工脱岗、睡岗和酒后上岗

危害：脱岗、睡岗和酒后上岗，岗位上发生的异常现象就不能及时被发现和处理，导致意外事件的发生。

整改建议：严禁脱岗、睡岗和酒后上岗。

二十五、在岗期间进行赌博、玩游戏以及干与工作无关的事情

危害：在岗期间进行赌博、玩游戏以及干与工作无关的事情时，现场发生的异常现象和隐患不能及时被发现、得到有效处理，导致意外事件的发生。

要求：严禁在岗期间进行赌博、玩游戏以及干与工作无关的事情。

二十六、压缩机带电检修、搬迁电气设备

危害：触电、人身伤亡。

整改建议：对压缩机进行检修或搬迁电气设备

时，必须由取得相应专业资格人员进行操作，首先切断电源严禁带电作业，切断电源后应对电源控制箱进行上锁挂签防止误操作；作业开始前应对检修设备进行验电，确认无危险后方可检修操作，整个检修过程中必须安排专人现场全程安全监护。

二十七、进入易燃易爆生产区域作业前未释放静电

危害：火灾、爆炸。

整改建议：工作人员在进入危险化学品生产、储存以及易燃易爆生产区域前必须将身上携带的静电，通过有效的静电释放装置，进行静电释放。

二十八、进入易燃易爆危险品生产区域未关闭手机和使用不防爆通信工具

危害：接打或通话中产生电火花，易引发火灾、爆炸事故。

整改建议：进入易燃易爆危险品生产区域应关闭手机，不使用非防爆通信工具。

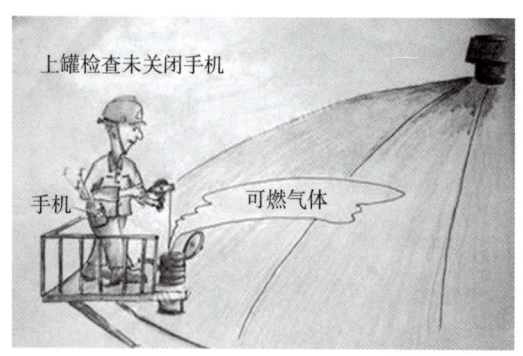

附录三 典型事故案例

案例一 加气站压缩机故障引发爆炸事故

● **事故经过**

某年7月6日早晨7时40分左右,某市一加气站突然发生爆炸。十多分钟后,该市公安局消防支队到达现场,经过半个多小时的奋力抢救,火灾被扑灭。

据了解,该加气站的天然气是经地下天然气管道输送的,爆炸发生后,管道内的天然气从受损的压缩机气缸内喷涌而出。事故造成一名加气员工死亡。

● **事故分析**

(一)直接原因

压缩机气缸冲顶,破损口瞬间压力过大,进而引发了天然气泄漏爆炸。

(二)间接原因

1. 该加气站设备房内又加装了两间压缩机防爆房,"房子套房子"不利于天然气的排放,容易增加房内气体浓度。

2. 天然气泄漏遇明火发生爆炸。

● **防范措施**

1. 加气站设计和施工要严格依据《汽车加油加气站设计与施工规范》进行。

2. CNG拖车卸车点站内车辆应有有效隔离。

3. 严格CNG加气站管理,教育用户加气期间禁止打手机、抽烟等违章行为。

4. 加强对压缩机等设备、设施的维护保养。

案例二 加气站气瓶爆炸事故

● **事故经过**

2004年2月13日中午,位于丰庆路的一座天然气加气站发生爆炸事故,并燃起大火,造成1人当场死亡,至少3人受伤,正在加气的一辆公交车和4

辆出租车被烧毁,加气站报废。

● **事故分析**

（一）直接原因

出租车在加气过程中,其车用压缩天然气全复合材料气瓶爆炸后起火蔓延所致。

（二）间接原因

1. 新车气瓶置换过程存在漏洞,为气瓶充装埋下隐患。

2. 加气人员麻痹大意,安全意识薄弱,已发现有异常声响,却未及时停止充装,未采取控制措施。

● **防范措施**

1. 严禁为无证、私改、超期服役的气瓶进行加气。

2. 加强员工的安全教育,培训辨别异常问题的方法,提高员工的应急处置能力。

3. 严格执行加气站安全管理规定,加强车辆入站管理,严禁车辆载人加气,要求入站车辆自觉有序进行充装。

4.对进站司机加强安全教育,提高司机安全意识,使司机明白使用合格气瓶的重要性。

案例三 违规充装燃气爆炸事故

● **事故经过**

2009年3月14日14时许,一辆正在某天然气汽车加气站内充装天然气的出租车发生爆炸,出租车尾部严重变形,2人不同程度受伤。

据加气站工作人员介绍,这辆出租车来加气时,工作人员检查了该车有加气卡,便给车加气,在加气过程中突然发生爆炸。据查该车主在出租车原有一只气瓶基础上,又私自改装加了一只家庭用的液化气钢瓶,这只钢瓶放在出租车尾部存放汽车备胎的位置。

● **事故分析**

(一)直接原因

出租车违规加装一只家庭用的液化气钢瓶,使用双气瓶,导致加气过程中爆炸。

（二）间接原因

1.CNG 加气站气瓶充装前后检查不严格，致使私改车辆蒙混过关。

2.家用液化气钢瓶压力达不到 CNG 气瓶压力等级。

● **防范措施**

1.加强对车辆司机的安全教育和宣传，严禁违规改造及使用气瓶。

2.规范加气站加气管理流程，严格气瓶充装前后检查，严禁对违规气瓶进行充装。

案例四　槽车接卸用液相胶管破裂泄漏事故

● **事故经过**

2009 年 8 月 11 日晚 19 时许，某市气站一液化石油气槽车在向液化石油气储罐充装过程中，因输液软管破裂发生泄漏事故。地方消防支队出动 12 辆消防车 89 名消防官兵赶往事故现场处置。事故过程中，23t 液化石油气持续大量泄漏，现场周边 3km 范围实施警戒，区域内人员全面疏散，气站半径 3km 区域进行全面断电。经过近 2h 的奋力抢险，成功关闭阀门，避免了一场恶性爆炸事故的发生。事故无人员伤亡。

● **事故分析**

（一）**直接原因**

在向液化石油气储罐充装过程中，因输液软管破裂发生泄漏事故。

（二）**间接原因**

对装卸用胶管检查不到位，未按规定定期检验。

● **防范措施**

1. 对装卸液化气作业最好使用专用的装卸鹤臂。如若使用高压软管卸车，应定期对软管进行检验或及时更换。

2. 严格执行日常巡检制度，巡检时配备检测仪器，发现问题及时处理。

3. 站内安装液化气泄漏报警装置，定期进行检验，保证其报警提示有效。

4. 制定液化石油气泄漏应急处置预案，组织员工进行演练，提高员工的应急处置能力和反应能力，定期组织评审。

5.加强对员工的安全教育，提高员工安全意识。

案例五 储气罐发生泄漏引发大火事故

● **事故经过**

某年2月8日晚19时07分，某加气站储气罐发生泄漏引发大火。消防支队先后出动15辆消防车、80余名官兵赶往现场处置火情。8日晚19时50分，20余米高的火势被成功控制。

9日下午16时30分左右，火灾被彻底扑灭。

● **事故分析**

（一）直接原因

外来火种点燃了储罐底部泄漏的天然气，引发大火。

（二）间接原因

1.LNG 储罐区域天然气泄漏报警器安装位置不当

或者是报警器灵敏度不够，在发生天然气泄漏的情况下，没有及时报警。

2.LNG 储罐区域没有紧急切断的安全系统，LNG 储罐底部管道系统的液相管上没有"紧急切断阀"，不能人为启动紧急切断系统。

3.LNG 储罐底部管路系统中有多组法兰连接件，它是 LNG 站中最大的泄漏点，尤其在火灾情况下，更容易发生泄漏，这是火灾中有大量 LNG 流出助长火势的重要原因。

4.LNG 储罐的自增压器直接放在储罐下部，发生泄漏。

● **防范措施**

1.LNG 储罐区域应该按规范安装灵敏度高的天然气泄漏报警器并加强监测设备和报警设备的维护。

2.LNG 储罐区域安装紧急切断的安全系统，在 LNG 储罐底部管道系统的液相管上安装"紧急切断阀"。

3. 管路系统采用焊接的连接方式。

4. 储罐的自增压器应当与储罐保持一定的距离，

不要直接放在储罐下部。

5.加强员工安全教育培训,规范运行巡检程序,提高员工发现问题、处理问题的能力。

记 录 页